Claude Marc

Gourmand
ne veut pas aller à l'école

Théâtre

www. Pour-enfants.fr

© Claude Marc - 18 Rue Rochebrune - 93100 Montreuil.

Première publication en ligne en 1998
Première édition sous forme de livre numérique en avril 2012
(ISBN 979-10-91524-03-2)

Imprimé par CreateSpace

Dépôt légal : Juillet 2013. ISBN 979-10-91524-12-4

Loi n° 49-956 du 16 juillet 1949 sur les publications destinées à la jeunesse

Quelques mots de l'auteur

Gourmand le petit ours est une petite pièce de théâtre pour enfants.

***

Gourmand le petit ours ne veut pas aller à l'école. Mais lorsque Poilmou veut le chasser Gourmand devient un petit écolier.

Et bien sûr on ne chasse pas les petits écoliers…

***

Cette petite pièce est régulièrement représentée dans les écoles de la francophonie, en France ou au Canada, où elle est particulièrement appréciée.

J'ai été moi-même instituteur plus de 30 ans. J'ai écrit ce texte au moment de la rentrée scolaire, période où les enfants ont besoin d'être rassurés. J'avais envie de donner aux enfants le goût d'apprendre et d'aller à l'école.

Claude Marc

Gourmand ne veut pas aller à l'école

Théâtre pour enfants

GOURMAND

C'est la rentrée des classes ! C'est la rentrée des classes et je suis heureux ! Je suis heureux car demain, pendant que mes petits camarades iront à l'école et bien moi j'irai me promener.

Dans les bois.

Car les ours ne vont pas à l'école

Demain, pendant que mes petits camarades étudieront, je tendrai la patte vers les branchages, je cueillerai quelques tendres pousses d'acacia et je les mangerai.

Je mangerai aussi du miel, cueilli dans un nid d'abeilles sauvages. C'est délicieux !

Ensuite j'irai boire à l'eau du ruisseau. Elle est si fraîche…

Je sentirai le vent léger caresser mon pelage. J'écouterai chanter les rossignols…

Pendant ce temps-là mes petits camarades qui n'ont pas la chance d'être un ours comme moi…

Monsieur Tambour arrive en jouant du tambour.

MONSIEUR TAMBOUR

RANPLANPLAN !
JE JOUE DU TAMBOUR !
RANPLANPLAN !
J'EN JOUE TOUS LES JOURS !
RANPLANPLAN !
JE JOUE DU TAMBOUR !
RANPLANPLAN !
J'EN JOUE TOUS LES JOURS !

Monsieur Tambour lit un avis municipal.

Avis à la population !

"C'est demain la rentrée des classes. Tous les enfants du village iront à l'école. Tous les enfants, même les ours."

GOURMAND

Excusez-moi, Monsieur Tambour, je n'ai pas très bien entendu !

MONSIEUR TAMBOUR

Je répète !

Avis à la population !

"C'est demain la rentrée des classes. Tous les enfants du village iront à l'école. Tous les enfants, même les ours. Et plus particulièrement Gourmand, car il doit absolument apprendre à lire, à écrire et à compter."

GOURMAND

Mais… Gourmand c'est moi !
D'habitude les ours ne vont pas à l'école !

MONSIEUR TAMBOUR

Les temps ont changé ! De nos jours
même les ours vont à l'école !

GOURMAND

C'est idiot ! Je n'ai pas besoin d'aller à
l'école pour manger du miel et boire de
l'eau de source !

MONSIEUR TAMBOUR

Gourmand, c'est la loi : tu iras à l'école !

GOURMAND

Mais pourquoi, pourquoi les ours ?
D'habitude…

MONSIEUR TAMBOUR

De nos jours tout le monde a besoin de savoir lire, écrire et compter. Même les ours…

GOURMAND

Les ours n'ont pas besoin de tout ça pour vivre heureux. Les ours ne vont pas à l'école.

MONSIEUR TAMBOUR

Écoute, tu fais comme tu veux mais je t'aurai prévenu. Demain c'est la rentrée des classes et on compte sur toi… Allez, salut !

Monsieur Tambour s'en va en jouant du tambour.

GOURMAND, *qui remarque soudain une affiche.*

Tiens une affiche ! De quoi peut-elle bien parler ? C'est vrai j'oubliais, je ne sais pas lire… D'ailleurs ça ne sert à rien pour les ours de savoir lire… Continuons notre chemin…

Il s'en va, puis revient sur ses pas.

Tout de même, je me demande de quoi elle pouvait parler cette affiche… C'était peut-être intéressant…

Il s'en va. Poilmou arrive.

POILMOU

Tiens une affiche ! Lisons-la !

"A dater du Jeudi 4 Septembre la chasse à l'ours est déclarée ouverte. Gourmand le petit ourson devra cacher son gros derrière s'il ne veut pas prendre un coup de fusil."

Je rentre vite chez moi chercher mon fusil ! Gourmand n'a qu'à bien se tenir ! Il va bientôt savoir ce que c'est qu'un VRAI chasseur ! Je ne loupe jamais ma cible, surtout quand ma cible c'est le gros derrière de Gourmand !

Poilmou s'en va. Après quelques instants on le voit revenir avec un fusil. Il chasse...

GOURMAND *arrive, surpris.*

Mais qu'est-ce que tu fais sur la place du village avec ce fusil, POILMOU ? Tu as l'air en colère !

POILMOU

Je ne suis pas en colère, j'attends l'ouverture de la chasse… C'est demain ! Demain, j'irai à la chasse !

GOURMAND

A la chasse ? Mais pourquoi faire ?

POILMOU

J'irai à la chasse pour chasser, animal stupide ! Pour tout te dire, j'irai à la chasse à l'ours ! Réponds-moi : es-tu un ours ?

GOURMAND

Absolument ! Je suis un ours !

POILMOU

Donc je vais te chasser ! Prépare-toi à prendre un coup de fusil au derrière, Gourmand !

GOURMAND

Mais je ne veux pas que tu me chasses !
Et puis, nous sommes amis ! On ne chasse
pas ses amis !

POILMOU

Je le sais bien que nous sommes amis,
Gourmand ! Mais... il y a un problème...

GOURMAND

Quel problème ?

POILMOU

C'est demain l'ouverture de la chasse à
l'ours. Nous sommes bien d'accord ?

GOURMAND

J'en ai entendu parler... Toutefois, on ne
chasse pas ses amis !

POILMOU

Oui mais tu es un ours. Nous sommes bien d'accord ?

GOURMAND

Absolument ! Je suis un ours ! Toutefois...

POILMOU

Tu es un ours, je suis un chasseur d'ours... Donc je dois te chasser !

GOURMAND

On ne chasse pas ses amis !

POILMOU

Je le sais bien qu'on ne chasse pas ses amis ! Mais je vais bien être obligé de te chasser, puisque tu es le seul ours du village !

GOURMAND

On ne chasse pas ses amis !

POILMOU

Qui te parle de chasser un ami ? Je veux juste aller à la chasse à l'ours ! J'affronterai mille dangers mais je serai brave ! Et quand l'ours voudra m'attaquer je prendrai mon fusil, je viserai son gros derrière et...

GOURMAND

…Et tu tueras ton ami !

POILMOU

S'il te plaît, laisse-moi te chasser…

GOURMAND

Pas question !

POILMOU

S'il te plaît…

GOURMAND

J'ai dit NON !

POILMOU

S'il te plaît… Juste une fois…

GOURMAND

Jamais !

POILMOU

Tu n'es pas un véritable ami… Tu me fais beaucoup de peine…

GOURMAND

Et pourquoi donc ?

POILMOU

Un véritable ami ne fait jamais pleurer
son ami, et là, à cause de toi, je vais
pleurer…

GOURMAND

Comment ça, à cause de moi ?

POILMOU

Je vais pleurer parce que tu ne veux pas
que je te chasse... Je sens les larmes monter
en moi. Ça y est, je pleure… Par ta faute…

GOURMAND

Non ! S'il te plaît, ne pleure pas ! Je suis
ton ami ! Je suis d'accord pour me laisser
chasser ! Chasse-moi ! Vas-y !

POILMOU

Quoi, qu'est-ce que tu dis ?

GOURMAND

Je dis que je suis d'accord pour me laisser chasser ! Tu as bien pensé à acheter des cartouches ?

POILMOU

Des cartouches ? Oui oui ! J'en ai ! Merci ! Oh merci ! Tu es un VÉRITABLE ami !

GOURMAND

Ça me fait bien plaisir ! Seulement… il y a un problème…

POILMOU

Quel problème ?

GOURMAND

Demain c'est la rentrée des classes…

POILMOU

Et alors ?

GOURMAND

Demain j'aurai des souliers vernis et un beau cartable tout neuf.

Demain je ne serai plus un petit ours, je serai un petit écolier. On ne chasse pas les petits écoliers !

Demain on ne m'appellera plus Gourmand le petit ours on m'appellera Gourmand le petit écolier. Et demain j'irai à l'école, pour apprendre à lire, à écrire et à compter…

Je suis vraiment désolé pour toi, Poilmou, mais je crois que tu ne seras jamais un grand chasseur...

FIN

À bientôt !

www.ingramcontent.com/pod-product-compliance
Lightning Source LLC
Chambersburg PA
CBHW072146150726
48002CB00004B/1656